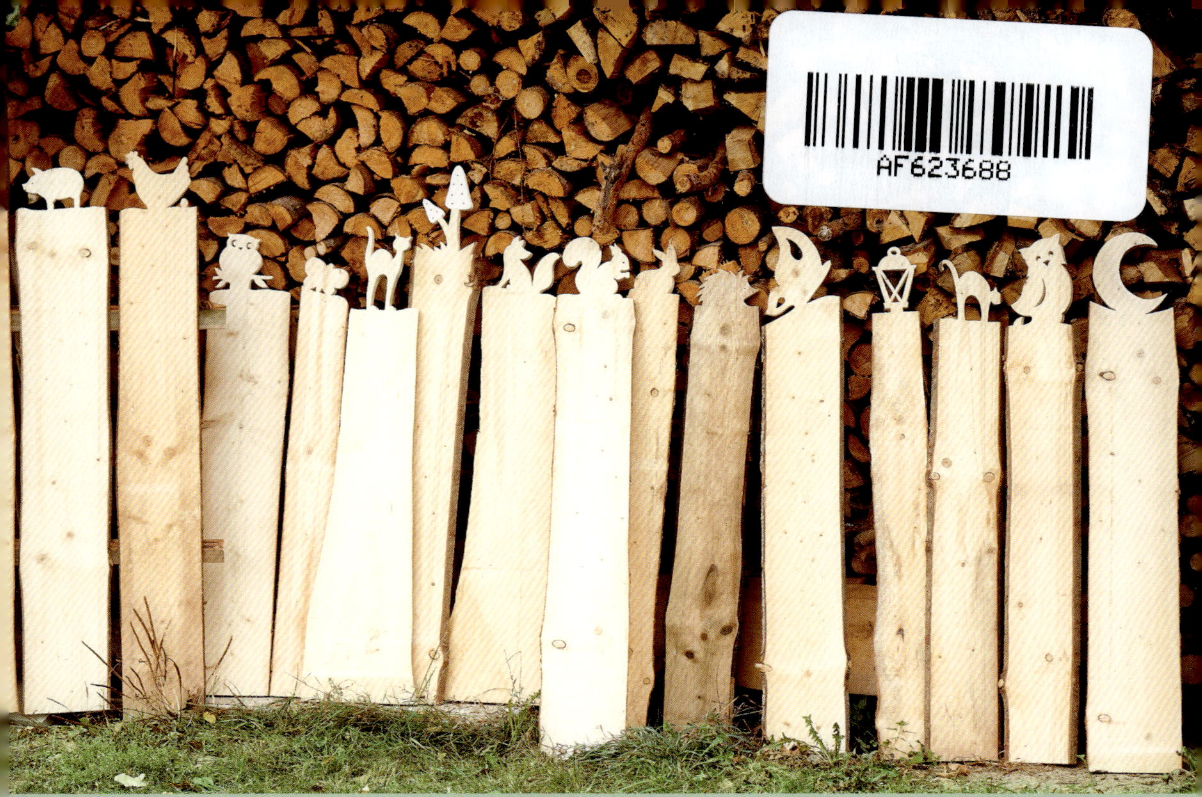

Schlichte Holzlatten-Zäune, ob vertikal oder horizontal angelegt, sind gerade sehr angesagt, aber wer es gerne etwas ausgefallener und lebendiger haben möchte, verpasst seinem Holzzaun mit den Motiven hier im Buch einen ganz individuellen Touch. Die vielen verschiedenen Tiere und Motive lassen sich wunderbar untereinander austauschen und je nach Wunsch miteinander kombinieren.

Alles, was Sie benötigen, ist eine Stich- oder Dekupiersäge und natürlich entsprechende Holzlatten. Hier passen naturbelassene, besäumte Holzlatten meiner Meinung nach besonders gut zu den Motiven. Aber natürlich gehen auch alle anderen Arten von Holzlatten und -brettern.

Und nun wünsche ich Ihnen viel Spaß beim Ausarbeiten Ihres neuen Gartenzauns!

Alice Rögele

AF623688

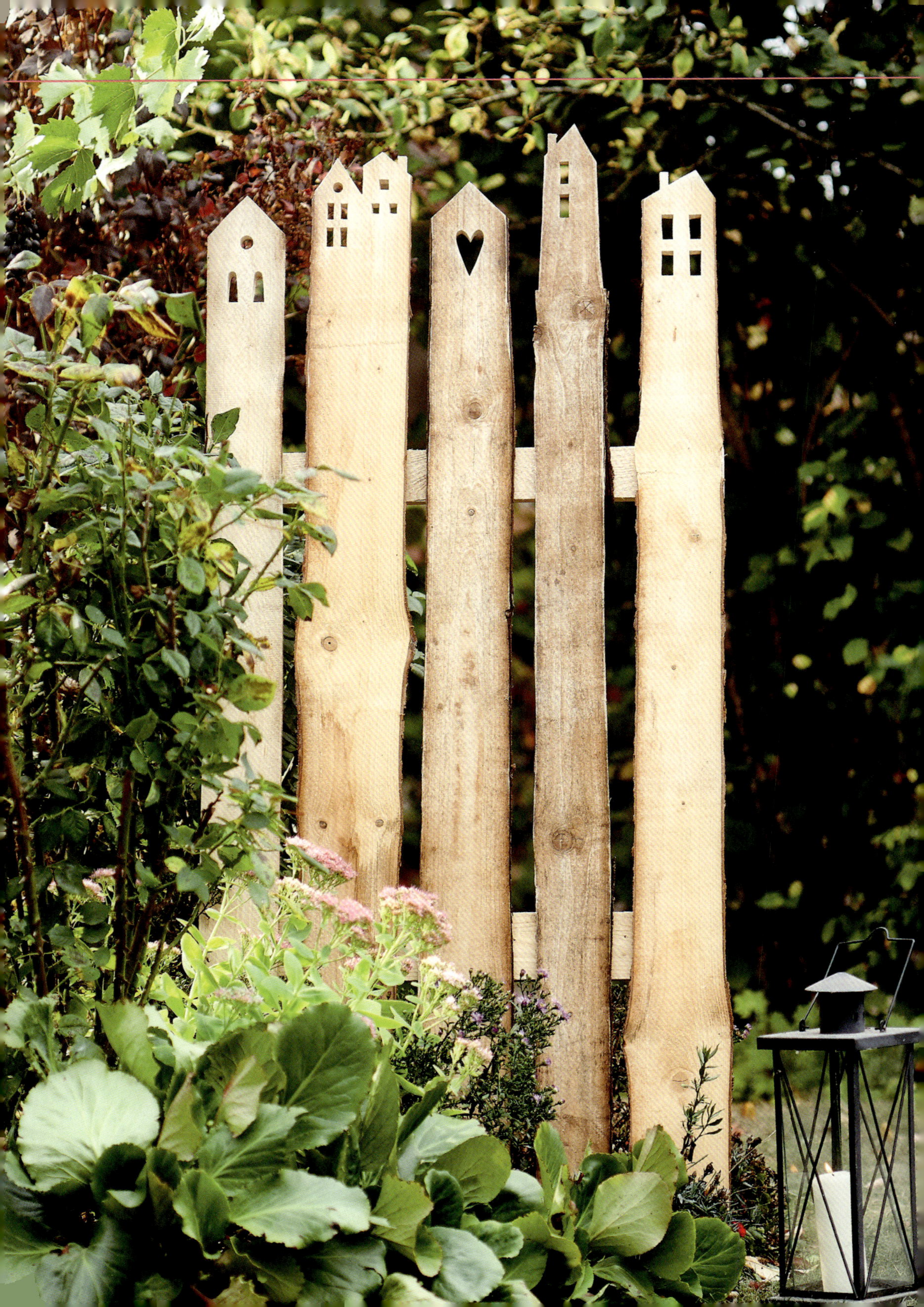

Schmale Häuschen

in Reih und Glied

MOTIVHÖHE
157 cm

MATERIAL
- Naturbretter, unterschiedlich verwittert, 18 mm stark: 11 cm x 150 cm, 10 cm x 157 cm, 11 cm x 148 cm, 15 cm x 155 cm, und 12 cm x 149 cm
- Holzbohrer, ø 10 mm

VORLAGEN
Bogen 2A

1 Übertragen Sie die Vorlagen der Häuschen zunächst wie auf der Umschlagklappe beschrieben und sägen Sie die Holzlatten anschließend entsprechend zu.

2 Bei innenliegenden Flächen, wie den Fenstern, gehen Sie wie folgt vor. Zunächst Löcher bohren, das Sägeblatt durchführen und danach die Flächen aussägen. Zuletzt die Latten wie gewünscht, siehe TOPP-TIPPS auf der Umschlagklappe, montieren.

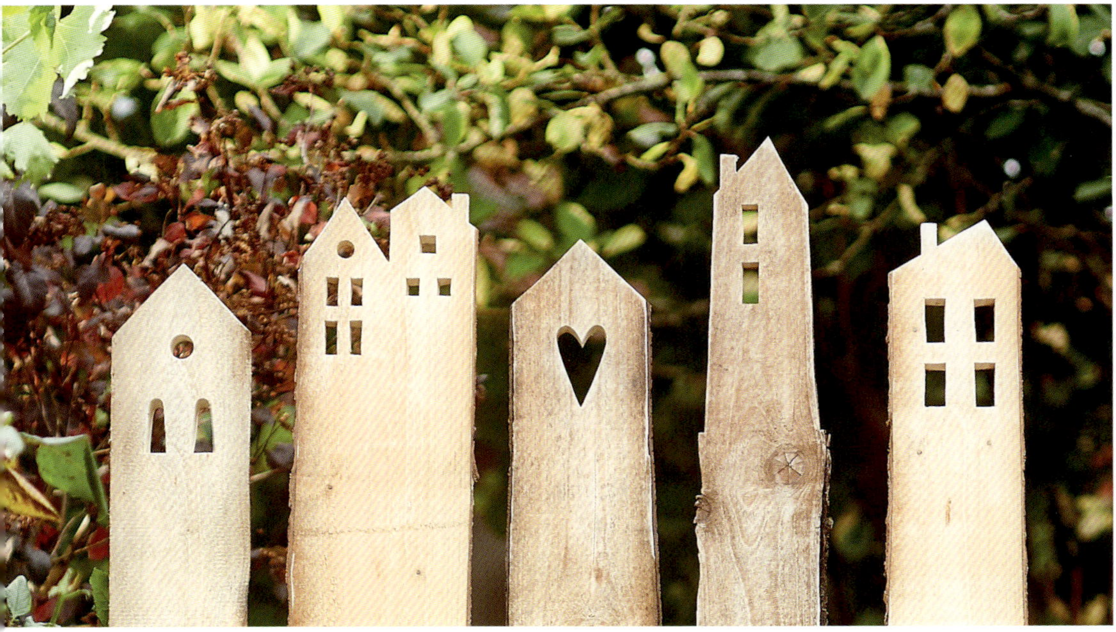

Mama-Ente mit ihren Küken

machen einen Ausflug

MOTIVHÖHE
93 cm

MATERIAL
- Naturbretter, 18 mm stark:
  20 cm x 76 cm (Küken),
  20 cm x 89 cm (Tulpe)
  und 20 cm x 93 cm (Ente)
- Holzbohrer, ø 4,5 mm

VORLAGEN
Bogen 1A

1 Übertragen Sie die Vorlagen der Häuschen zunächst wie auf der Umschlagklappe beschrieben und sägen Sie die Holzlatten anschließend entsprechend zu.

2 Befestigen Sie sie dann wie gewünscht, siehe auch TOPP-TIPPS auf der Umschlagklappe.

Mein Tipp für Sie

Alternative Art der Montage Dieses Motiv ist recht niedrig, deshalb können Sie es statt als Zaun mit Gewindestangen, die im Boden befestigt werden, einzeln und freistehend aufstellen. Bohren Sie dazu jeweils zwei Löcher in die unteren Kanten und kleben Sie mit etwas Heißkleber je zwei Gewindestangen mit einem Durchmesser von 8 mm in die Bohrlöcher.

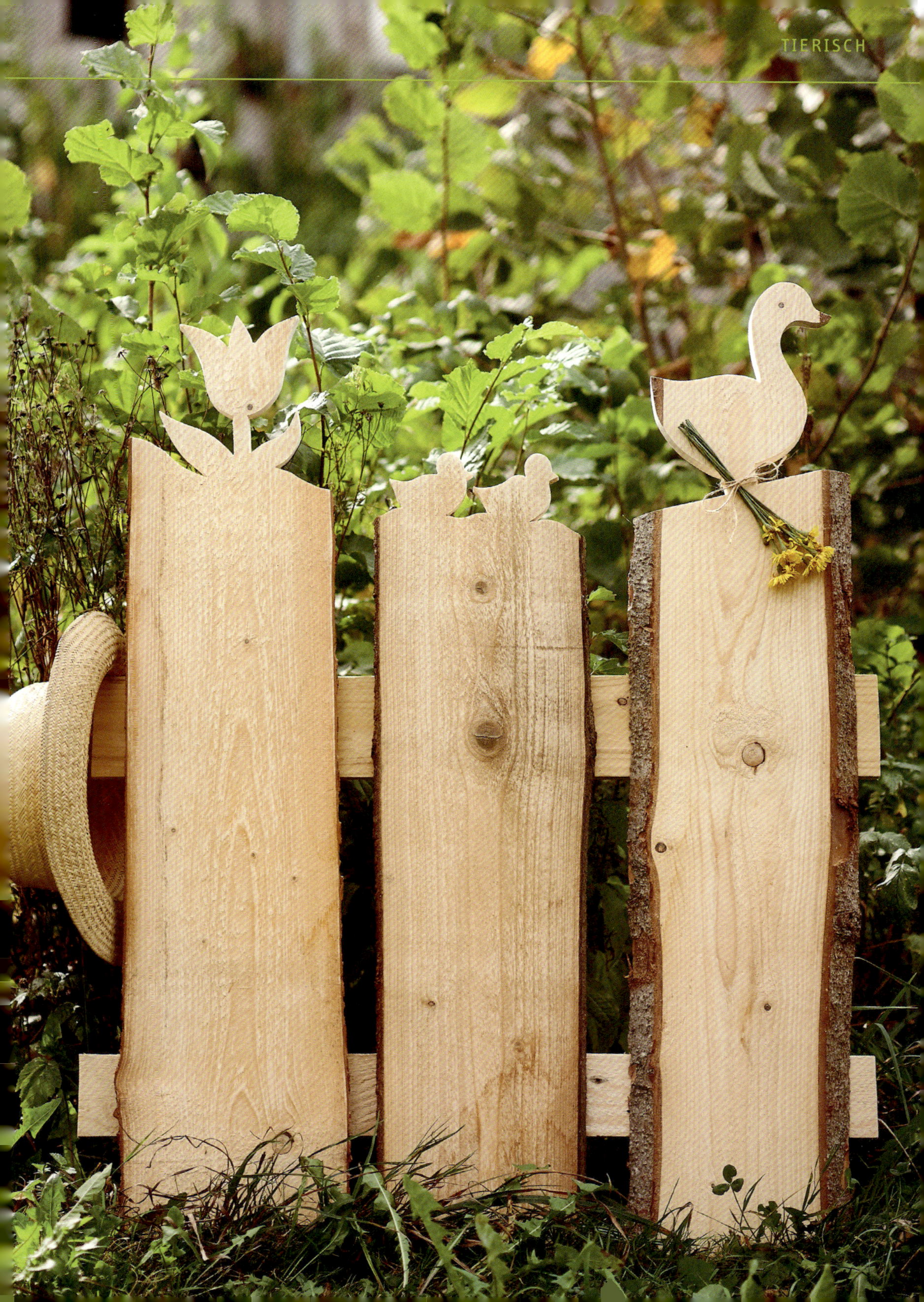

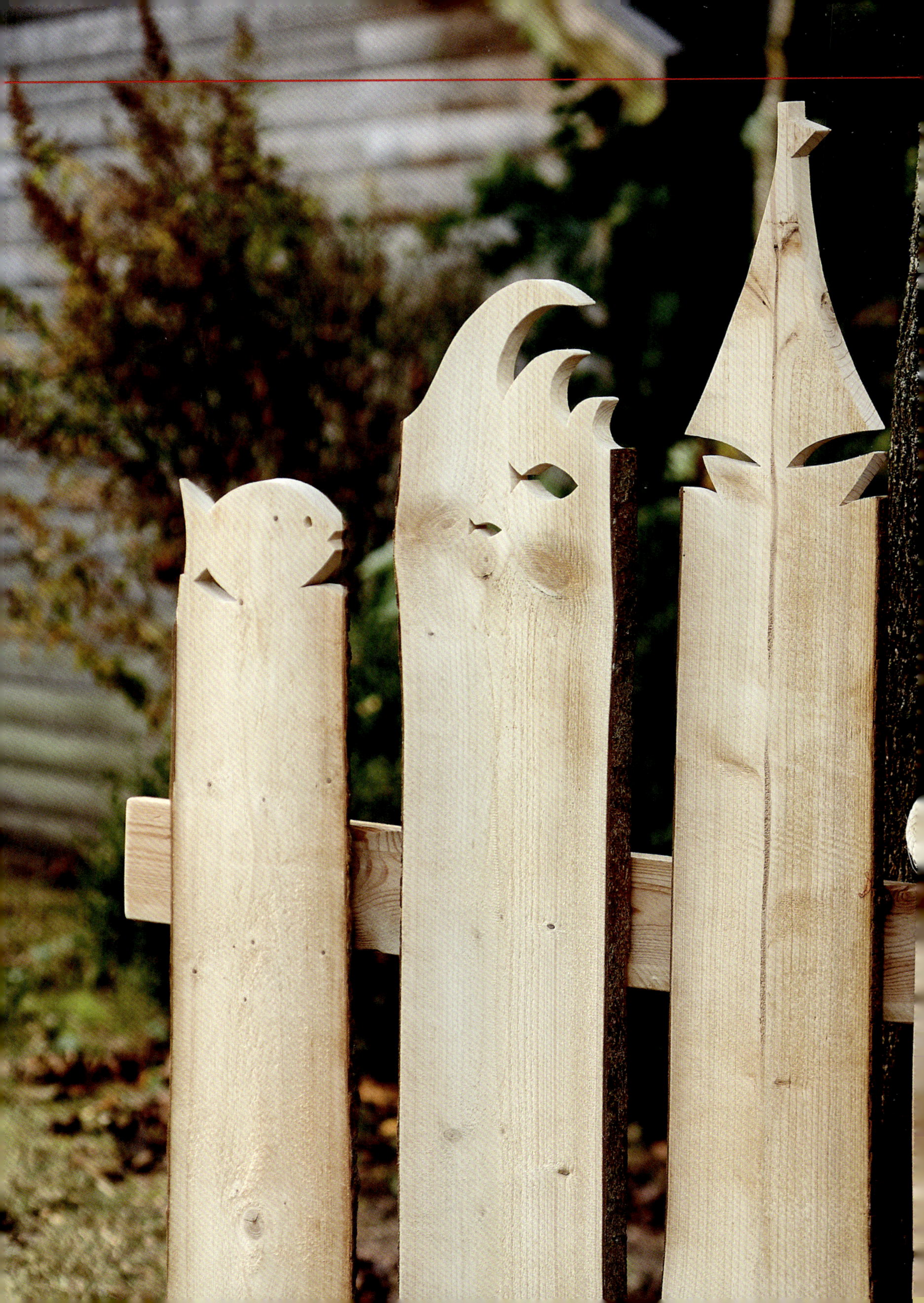

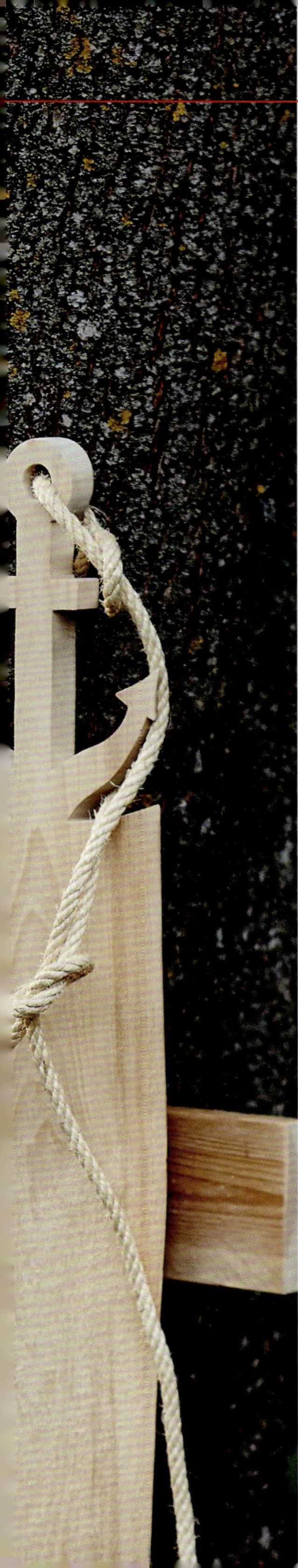

Anker, Fisch und Segelboot

für Küstenliebhaber

MOTIVHÖHE
1,47 m

MATERIAL
- Naturbretter, 18 mm stark: 20 cm x 130 cm (Anker), 20 cm x 117 cm (Fisch), 25 cm x 133 cm (Welle), und 20 cm x 147 cm (Boot)
- Forstnerbohrer, ø 20 mm
- Holzbohrer, ø 10 mm
- Naturseil, 12 mm stark, 2 m lang

VORLAGEN
Bogen 1A + 2A

1 Übertragen Sie die Vorlagen zunächst wie auf der Umschlagklappe beschrieben und sägen Sie die Holzlatten anschließend entsprechend zu.

2 Die kleinen Fische in der Welle wie auf der vorderen Umschlagklappe beschrieben arbeiten. Das Auge beim einzelnen Fisch mit dem Bohrer, ø 10 mm, und das Loch am Anker mit dem Forstnerbohrer arbeiten.

3 Zuletzt schrauben Sie die Latten aneinander und dekorieren den Anker mit dem Seil.

HOME

immer wieder schön

MOTIVHÖHE
1,55 m

MATERIAL
- Naturbretter, 18 mm stark:
  19 cm x 152 cm (Haus),
  18 cm x 149 cm (H),
  19 cm x 144 cm (O),
  17 cm x 153 cm (M),
  und 19 cm x 135 cm (E)

VORLAGEN
Bogen 1B

1 Übertragen Sie die Vorlagen von den Buchstaben und dem Haus wie auf der Umschlagklappe beschrieben und sägen Sie die Holzlatten anschließend entsprechend zu.

2 Danach die Kanten etwas abschleifen und den Zaun nach Belieben (siehe TOPP-TIPPS auf der Umschlagklappe) zusammenbauen.

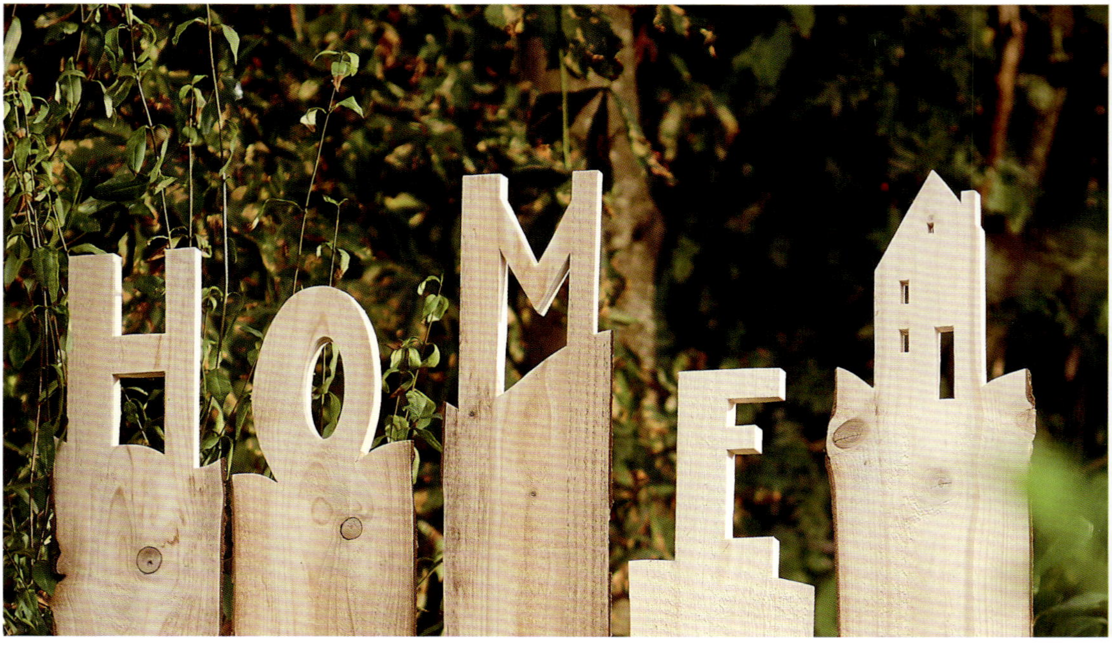

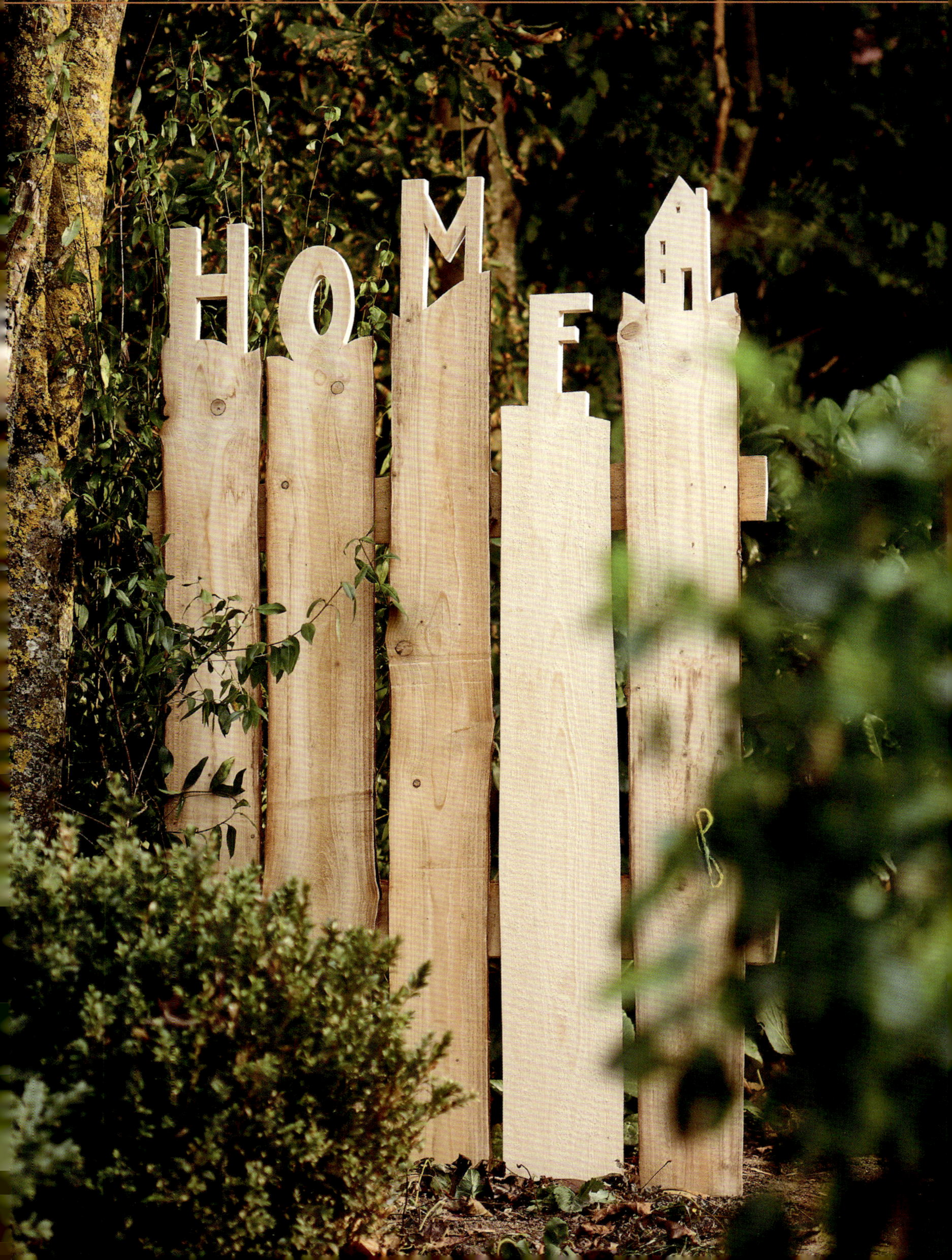
HOME

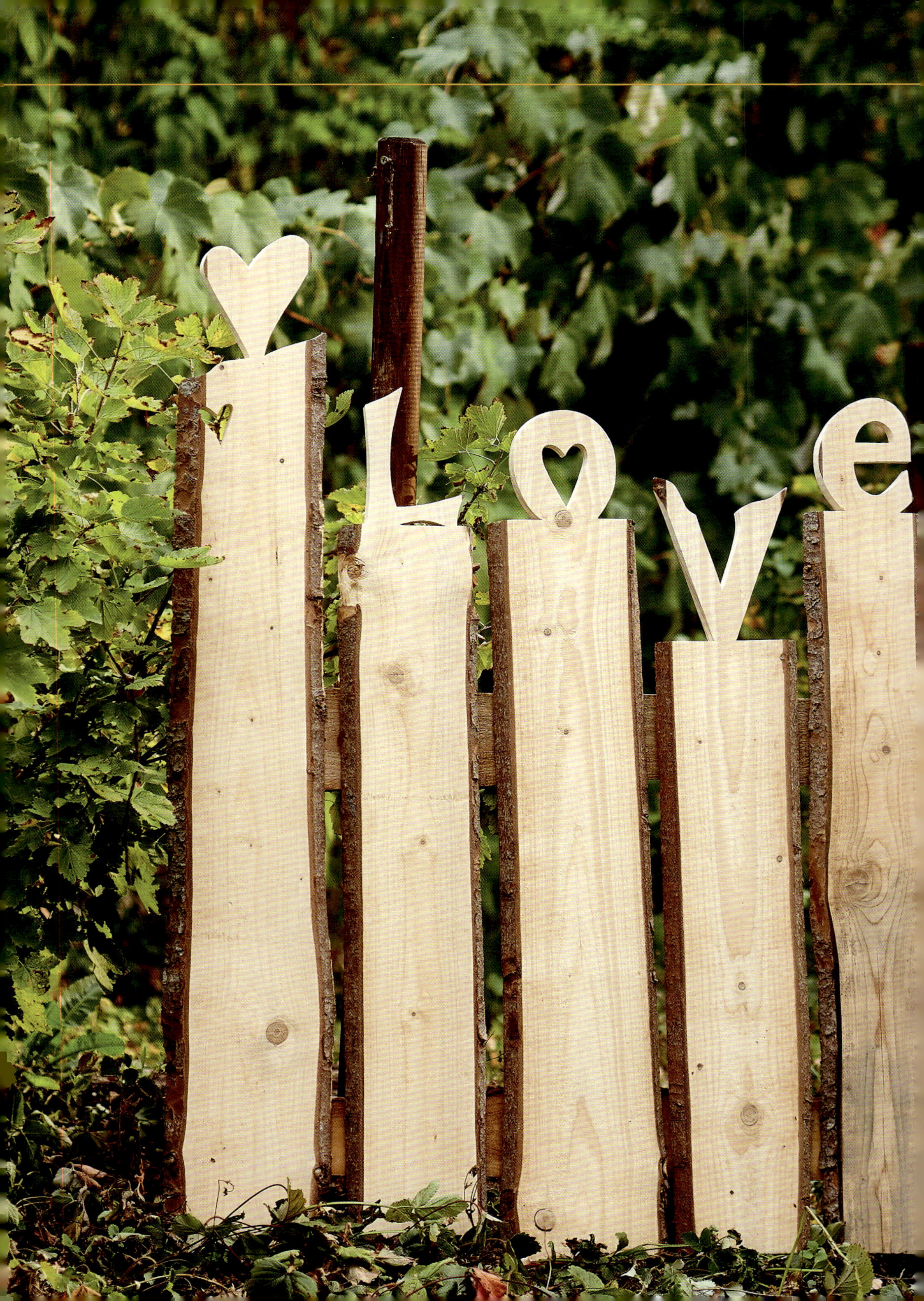
Love

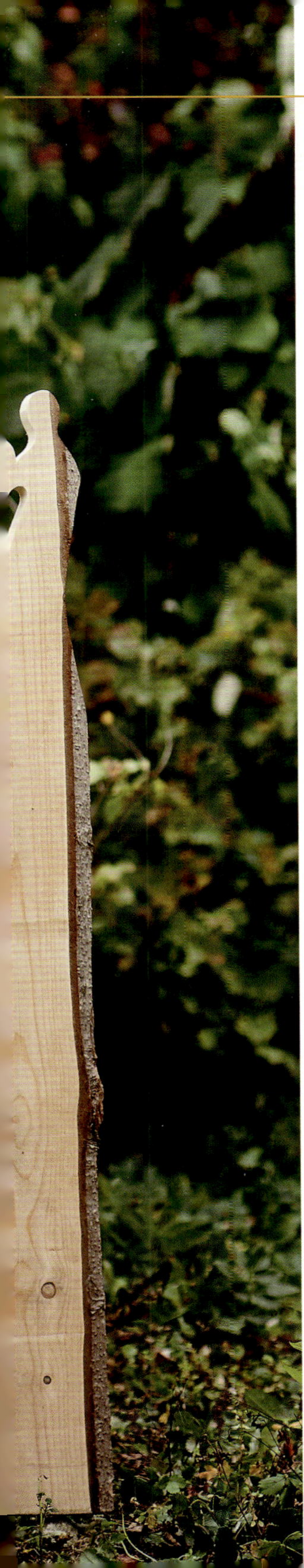

Love ...

... is all around

MOTIVHÖHE
1,20 m

MATERIAL

- Naturbretter, 18 mm stark:
  17 cm x 116 cm (Herz),
  17 cm x 100 cm (L),
  18 cm x 98 cm (O),
  17 cm x 91 cm (V),
  16 cm x 101 cm (E)
  und 18 cm x 112 cm (Paar)

VORLAGEN
Bogen 2B + 3B

1 Übertragen Sie die Vorlagen zunächst wie auf der Umschlagklappe beschrieben und sägen Sie die Holzlatten anschließend entsprechend zu.

2 Die kleinen Herzen innerhalb der Bretter wie auf der vorderen Umschlagklappe beschrieben aussägen. Danach die Kanten etwas abschleifen und das Motiv zusammenbauen (siehe TOPP-TIPPS auf der Umschlagklappe).

Mein Tipp für Sie

Geschenkidee gefällig? Dieses Motiv eignet sich z. B. sehr gut als Hochzeitsgeschenk.

Im Kinderzimmer

sind die Tiere los

MOTIVHÖHE
1,32 m

MATERIAL
- Naturbretter, 18 mm stark:
  26 cm x 120 cm (Lokomotive),
  20 cm x 123 cm (Löwe),
  20 cm x 126 cm (Elefant),
  19 cm x 123 cm (Rehkitz)
  und 19 cm x 129 cm (Giraffe)
- Holzbohrer, ø 10 mm,
  2 mm und 5 mm
- Stieldraht, 2 mm stark,
  2x 3 cm lang
- 2 Holzperlen in Natur, ø 8 mm
- Heißkleber

VORLAGEN
Bogen 4B

1 Übertragen Sie die Vorlagen zunächst wie auf der Umschlagklappe beschrieben und sägen Sie die Holzlatten anschließend entsprechend zu. Danach die Kanten mit Schleifpapier glätten.

2 Die Augen jeweils wie in der Vorlage angegeben bohren.

3 In den Bohrlöchern der Giraffe die Drahtstücke mit Heißkleber befestigen und die Holzperlen als Abschluss ankleben.

Hinweis: Achten Sie darauf, dass die Holzperlen gut aufgeklebt sind, und die Holzlatten so angebracht werden, dass kleinere Kinder nicht an die Perlen heranreichen (Verschluckungsgefahr!).

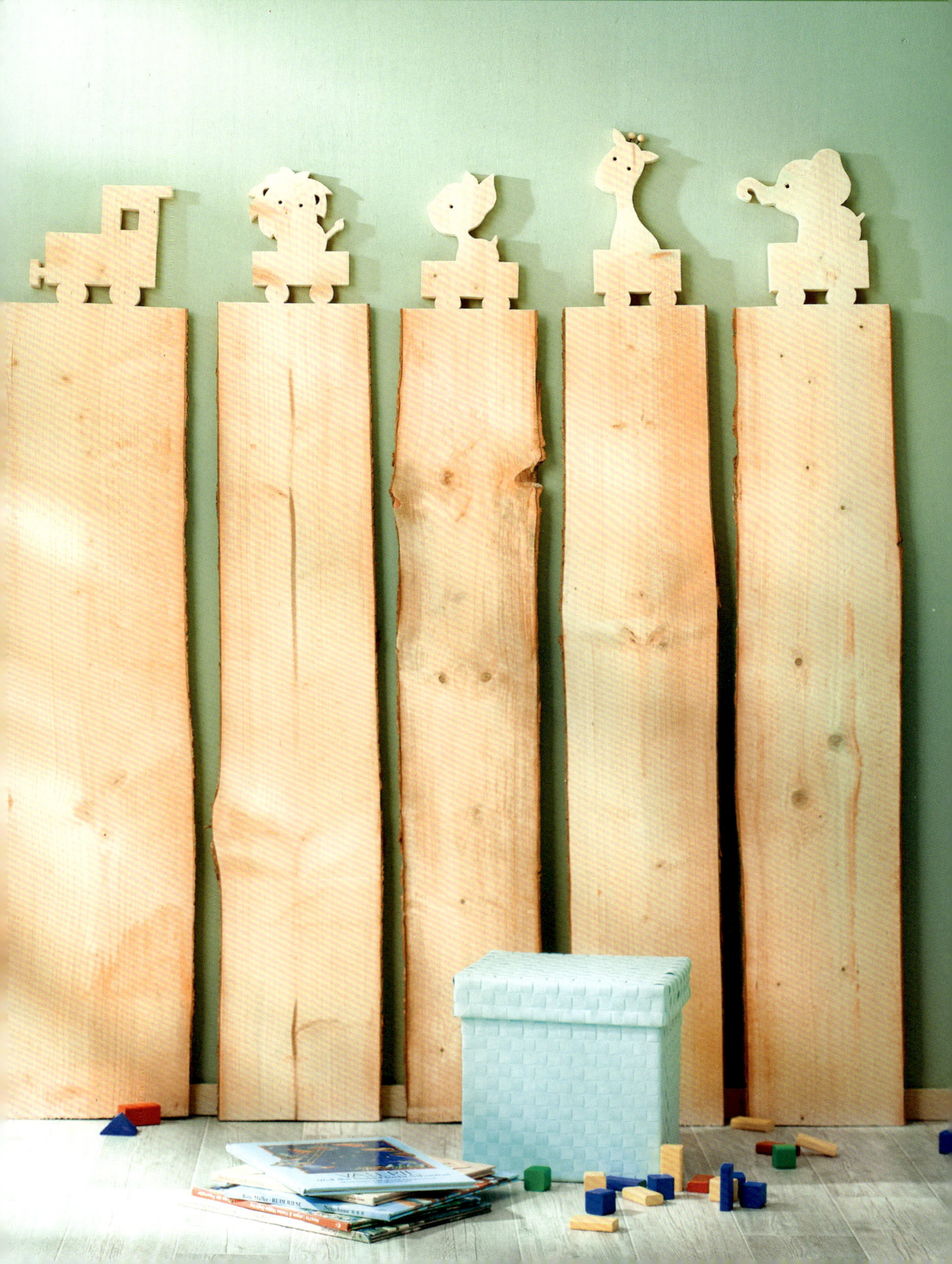

Welcome to my garden!

tierische Begrüßung am Gartenzaun

MOTIVHÖHE
1,47 m

MATERIAL

- Naturbretter, 18 mm stark:
  18 cm x 119 cm (Gießkanne),
  21 cm x 135 cm (Blume),
  24 cm x 147 cm (Schmetterling),
  16 cm x 127 cm (Biene)
  und 18 cm x 144 cm (Libelle)
- Holzbohrer, ø 10 mm, 2 mm und 5 mm
- Stieldraht, 2 mm stark, 2x 3 cm lang (Biene), 2x 5 cm lang (Schmetterling)
- Heißkleber

VORLAGEN
Bogen 1B + 4A

1 Übertragen Sie die Vorlagen zunächst wie auf der Umschlagklappe beschrieben und sägen Sie die Holzlatten anschließend entsprechend zu. Danach die Kanten mit Schleifpapier glätten.

2 Nun die Drahtstücke mit Heißkleber als Fühler in den Bohrlöchern der Biene und des Schmetterlings befestigen.

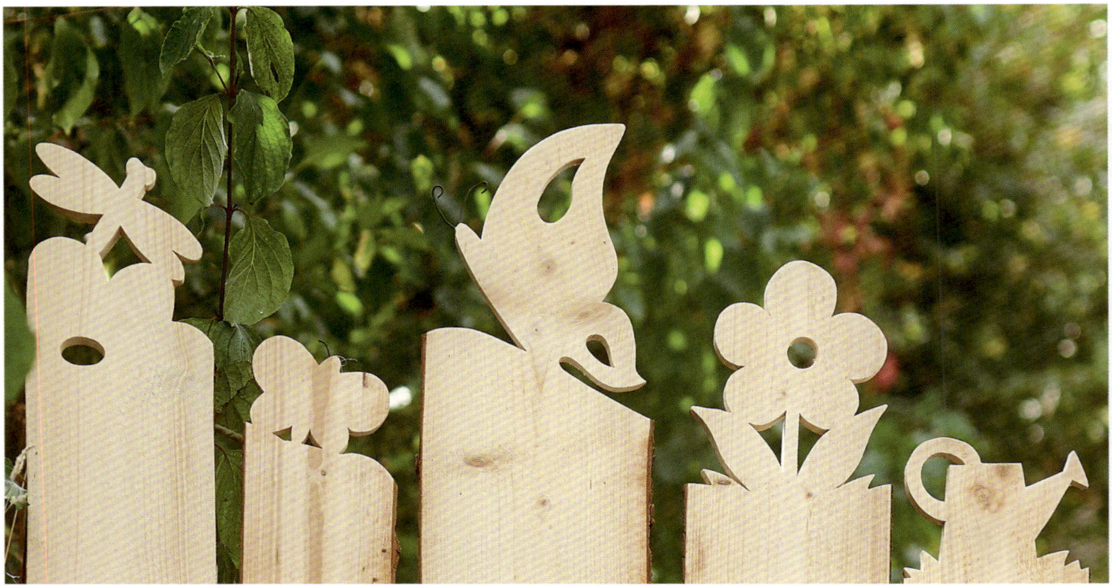

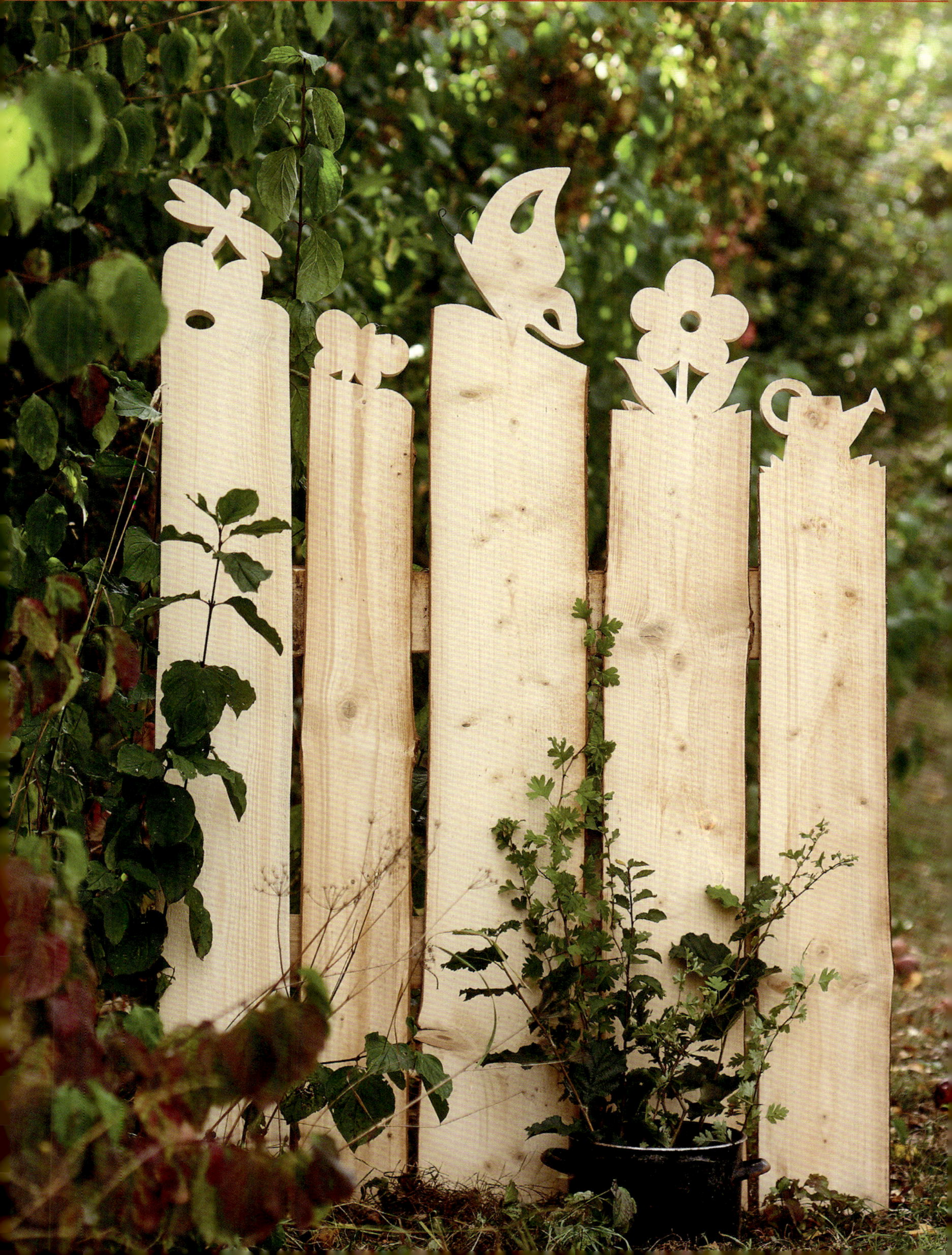

Waldtiere

tummeln sich am Gartenzaun

MOTIVHÖHE
1,58 m

MATERIAL
- Naturbretter, 18 mm stark: 20 cm x 155 cm (Specht), 17 cm x 144 cm (Hase), 21 cm x 135 cm (Igel), 26 cm x 158 cm (Baum) und 27 cm x 134 cm (Fuchs)
- 2 Senkkopfschrauben, 2 mm x 25 mm
- Holzbohrer, ø 5 mm

VORLAGEN
Bogen 2B + 3A + 4A

1 Übertragen Sie die Vorlagen zunächst wie auf der Umschlagklappe beschrieben und sägen Sie die Holzlatten anschließend entsprechend zu. Im Anschluss die Kanten mit Schleifpapier glätten.

2 Die Augen jeweils bohren und anschließend die Holzlatten wie gewünscht (siehe TOPP-TIPPS auf der Umschlagklappe) montieren.

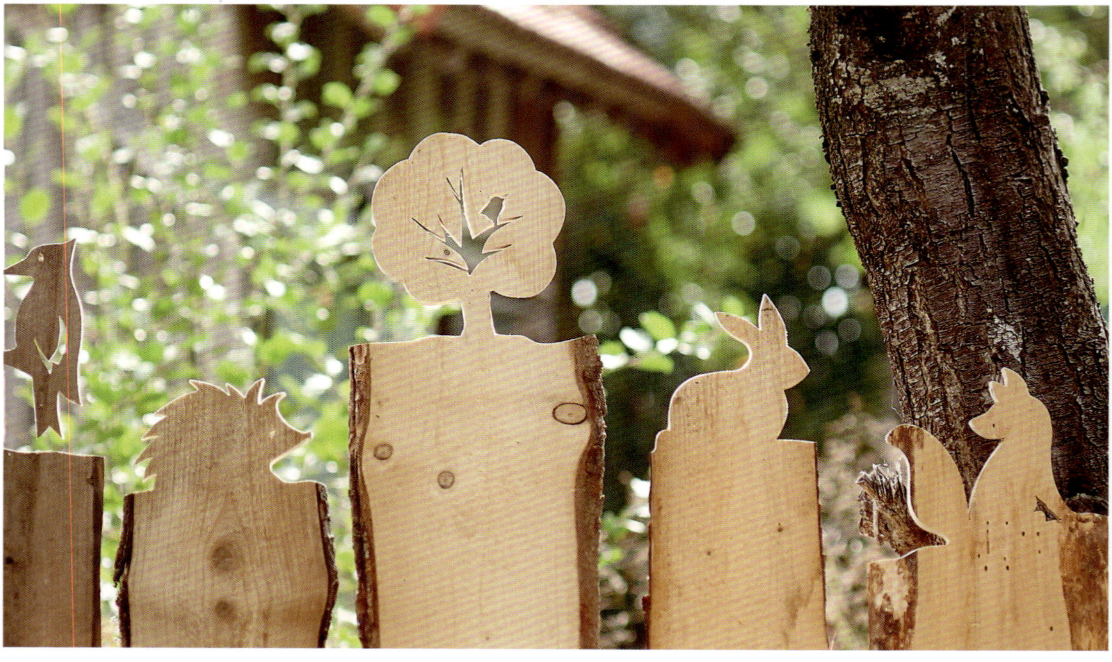

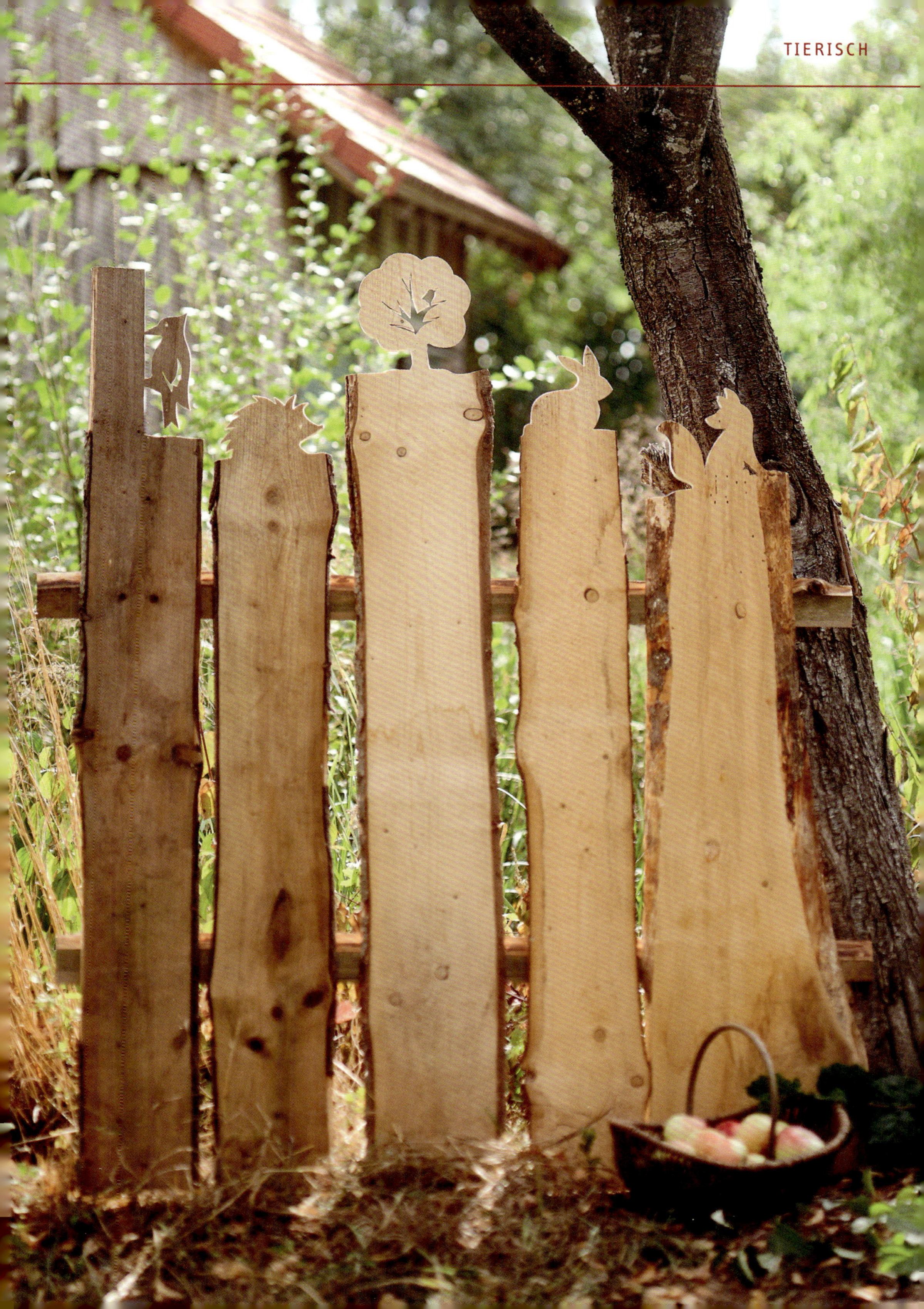

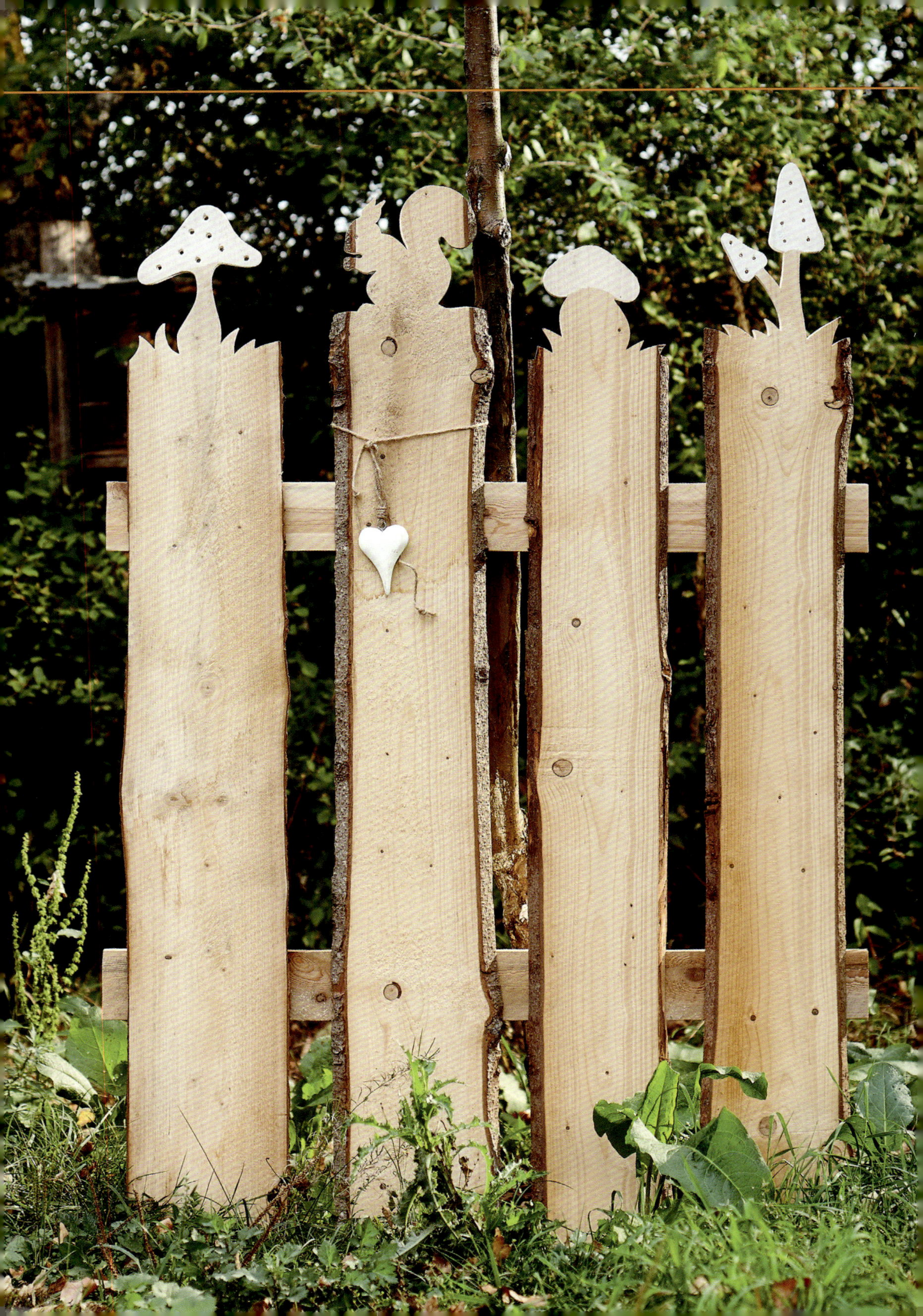

Süße Pilze

mit Eichhörnchen

MOTIVHÖHE
1,54 m

MATERIAL
- Naturbretter, 18 mm stark:
  22 cm x 154 cm (doppelter Pilz),
  24 cm x 151 cm (Eichhörnchen),
  23 cm x 149 cm (Pilz)
  und 20 cm x 142 cm (Pilz)
- dicke Schnur, ø 4 mm, 130 cm lang
- Holzherz in Weiß, ø 10 cm
- Holzbohrer, ø 5 mm und 8 mm
- Buntlack in Weiß
- Pinsel

VORLAGEN
Bogen 3A + 3B

1 Übertragen Sie die Vorlagen zunächst wie auf der Umschlagklappe beschrieben und sägen Sie die Holzlatten anschließend entsprechend zu.

2 Die Löcher in den Pilzhüten jeweils mit dem großen und kleinen Bohrer wie in der Vorlage angegeben bohren.

3 Nun die Farbe mit etwas Wasser verdünnen und die Pilzhütchen zügig bemalen. Trocknen lassen.

4 Zuletzt montieren Sie die einzelnen Latten wie gewünscht (siehe TOPP-TIPPS auf der Umschlagklappe) und binden das Holzherz mit der Schnur um.

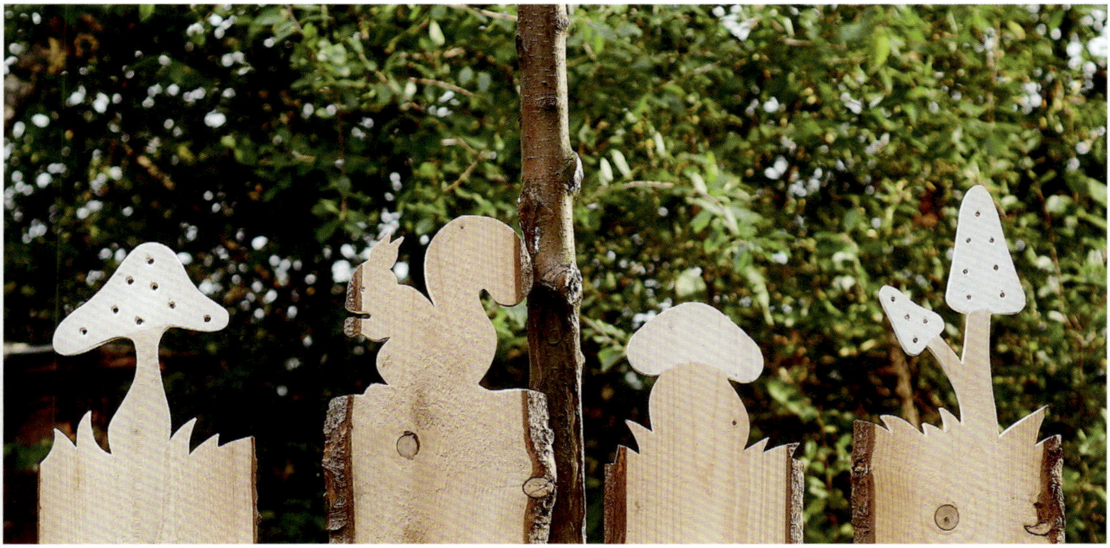

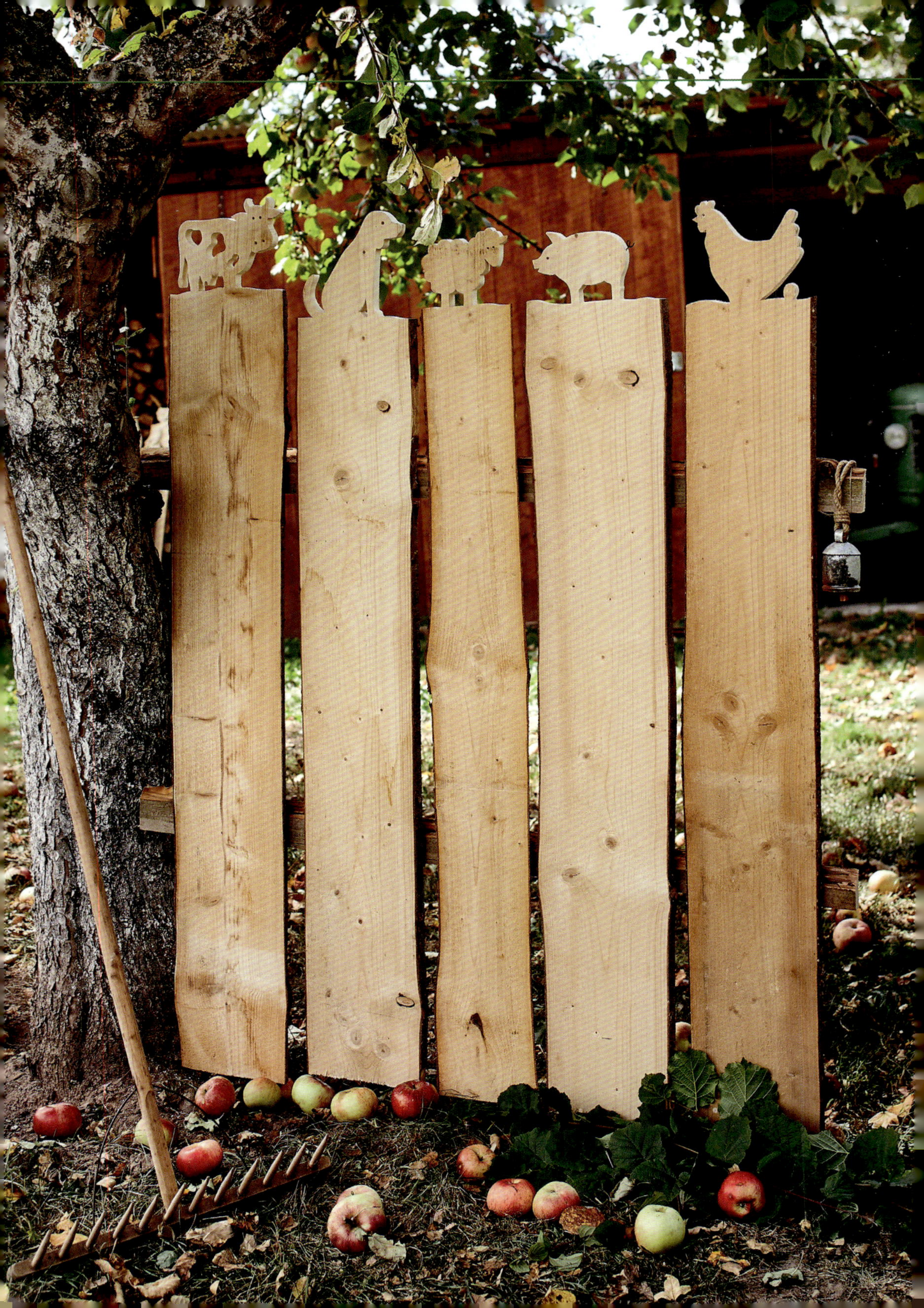

Vergnügte Tiere

auf dem Bauernhof

MOTIVHÖHE
1,63 m

MATERIAL
- Naturbretter, 18 mm stark:
  25 cm x 163 cm (Kuh),
  26 cm x 153 cm (Schwein),
  18 cm x 154 cm (Schaf),
  24 cm x 157 cm (Hund)
  und 23 cm x 162 cm (Huhn)
- Holzbohrer ø 10 mm, 5 mm, 4 mm und 2 mm
- Stieldraht, 2 mm stark, 6 cm lang
- Kuhglocke, 10 cm lang
- Heißkleber

VORLAGEN
Bogen 3A + 3B

1 Übertragen Sie die Vorlagen zunächst wie auf der Umschlagklappe beschrieben und sägen Sie die Holzlatten anschließend entsprechend zu. Im Anschluss die Kanten mit Schleifpapier glätten.

2 Die Augen und die Öffnung für den Schwanz des Schweins jeweils wie in der Vorlage angegeben mit dem Bohrer bohren.

3 Aus dem Stieldraht einen kleinen Kringel biegen und mit Heißkleber als Schwänzchen beim Schwein ankleben.

4 Zuletzt die Teile als Zaun aneinanderschrauben (siehe TOPP-TIPPS auf der Umschlagklappe) und mit der Kuhglocke dekorieren.

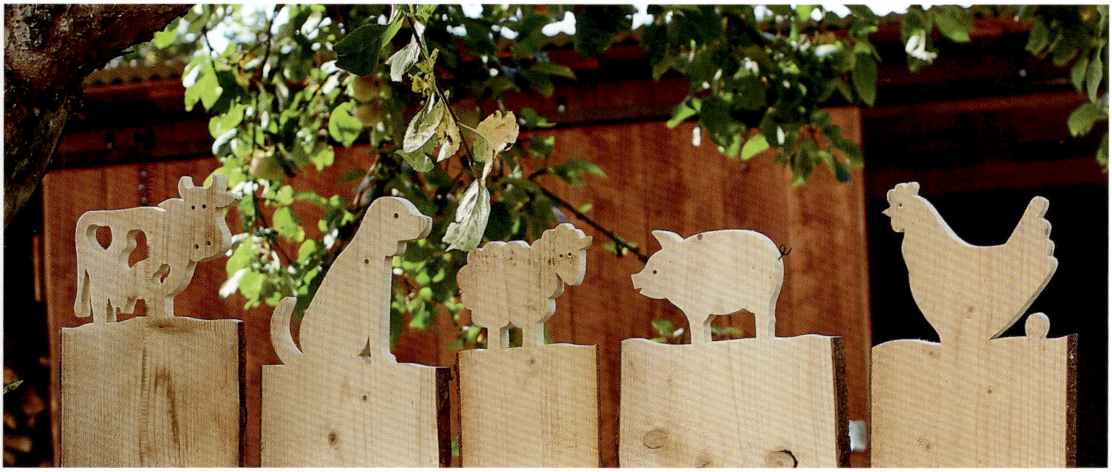

Eulen im Mondschein

mit Laterne

MOTIVHÖHE
1,50 m

MATERIAL
- Naturbretter, 18 mm stark: 14 cm x 144 cm (Laterne), 23 cm x 145 cm (Eule), 25 cm x 150 cm (Mond) und 25 cm x 141 cm (Eule auf dem Ast)
- Holzbohrer, ø 10 mm und 2 mm
- Bindedraht, geglüht, 0,65 mm stark, 14 cm lang
- Laterne, 6 cm x 6 cm

VORLAGEN
Bogen 4B

1 Übertragen Sie die Vorlagen zunächst wie auf der Umschlagklappe beschrieben und sägen Sie die Holzlatten anschließend entsprechend zu.

2 Die Innenflächen der Eulen bzw. Laterne wie auf der vorderen Umschlagklappe beschrieben aussägen. Danach die Kanten etwas abschleifen.

3 Das Loch für die Laternenaufhängung wie in der Vorlage angegeben bohren.

4 Zuletzt bauen Sie die Holzlatten zusammen (siehe TOPP-TIPPS auf der Umschlagklappe) und binden die kleine Laterne mit dem Draht an.

Mein Tipp für Sie

Brandgefahr Lassen Sie das Teelicht nie unbeaufsichtigt brennen!

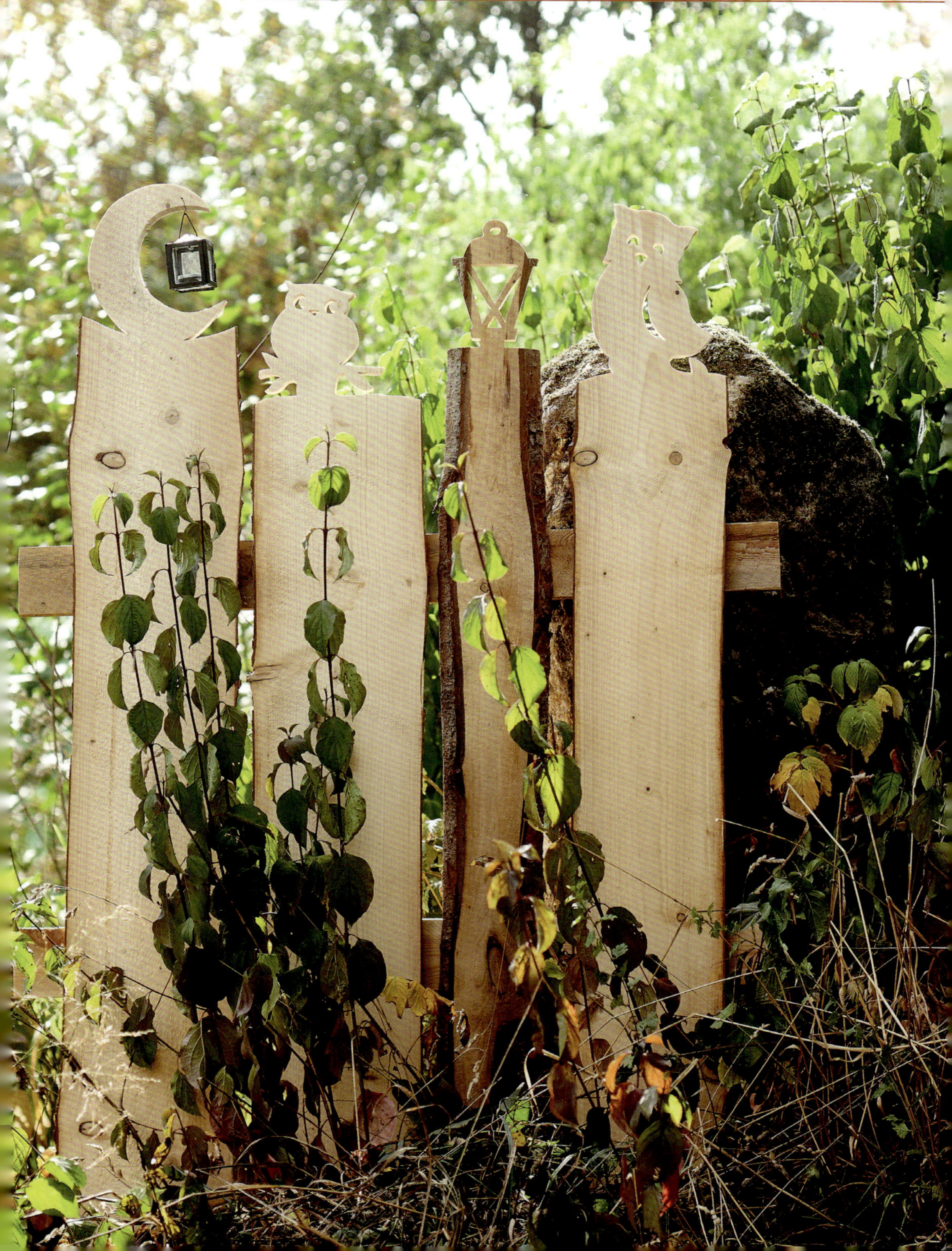

Vogelgezwitscher

am Gartenzaun

MOTIVHÖHE
1,50 m

MATERIAL
- Naturbretter, 18 mm stark:
  26 cm x 133 cm (Vogel einzeln),
  25 cm x 149 cm (Vogeltrio),
  22 cm x 148 cm (Vogel einzeln)
  und 18 cm x 140 cm (Vogelhaus)
- Holzbohrer, ø 10 mm und 5 mm

VORLAGE
Bogen 1B

1 Übertragen Sie die Vorlagen zunächst wie auf der Umschlagklappe beschrieben und sägen Sie die Holzlatten anschließend entsprechend zu. Die Augen mit dem kleineren Bohrer bohren.

2 Die Innenflächen der Vögel und das Herz wie auf der vorderen Umschlagklappe beschrieben aussägen. Danach die Kanten etwas abschleifen.

3 Zuletzt die Holzlatten wie gewünscht zusammenbauen (siehe TOPP-TIPPS auf der Umschlagklappe).

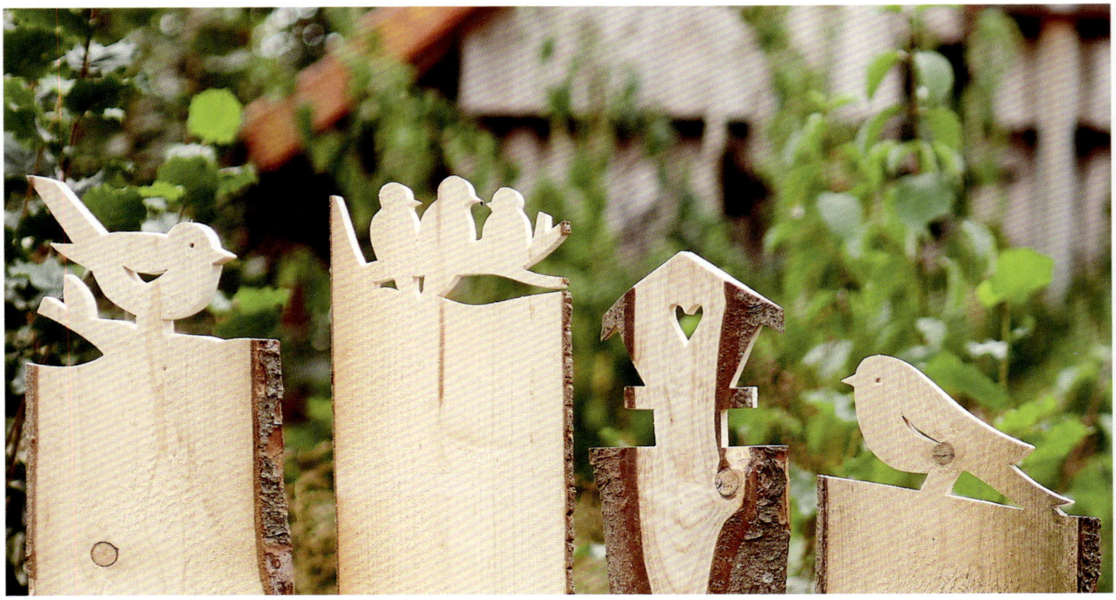

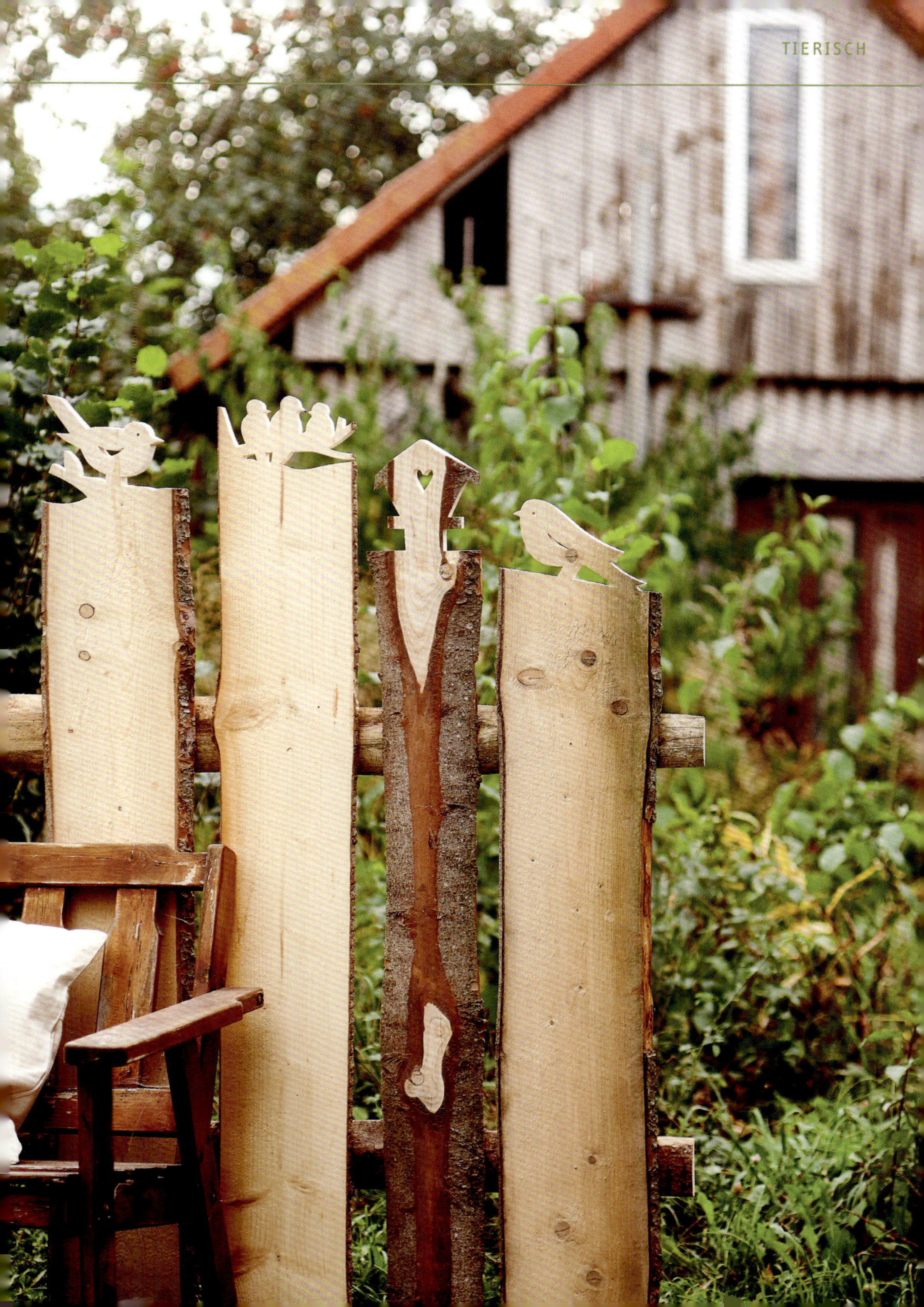

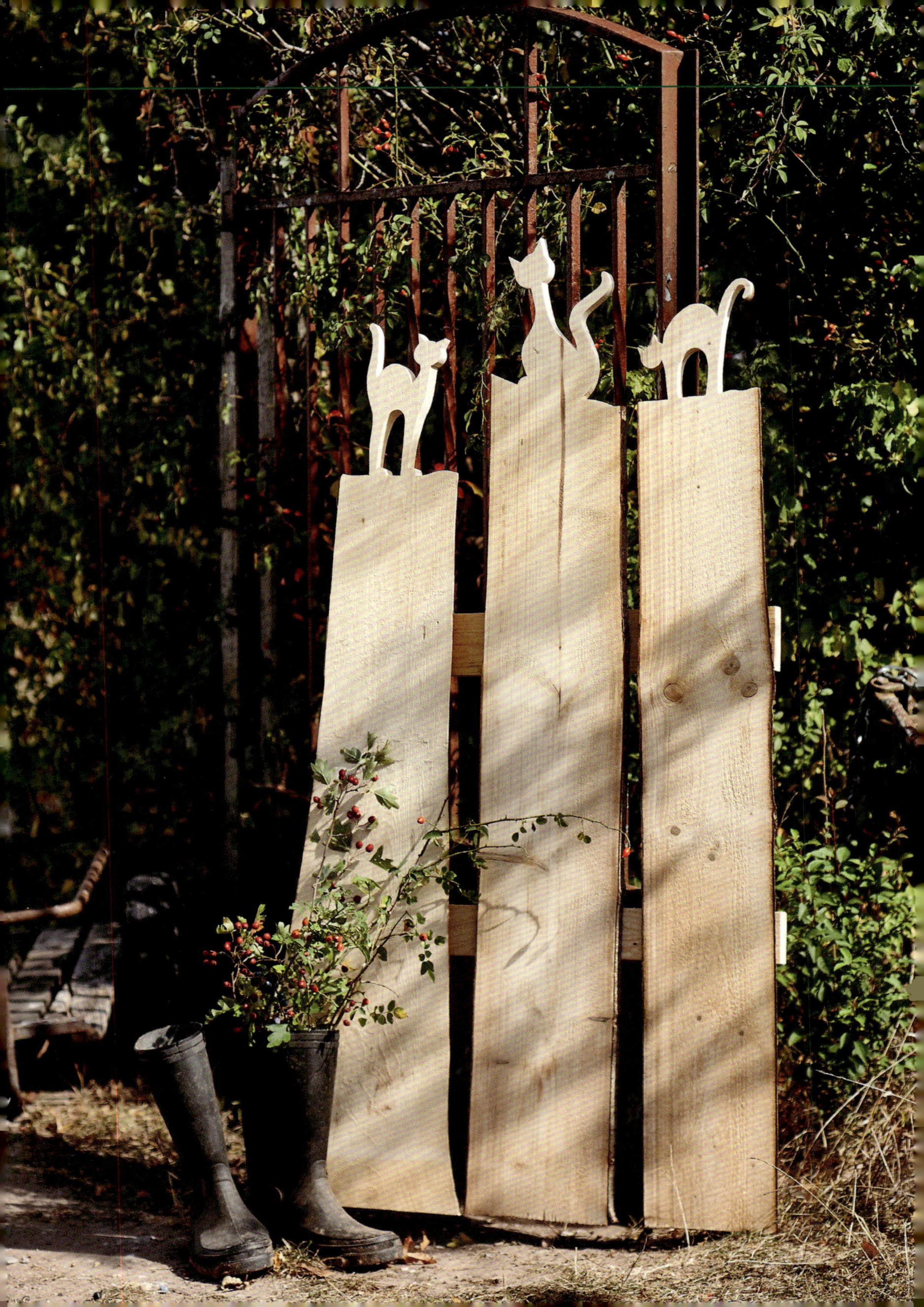

Katzen-Trio

halten Ausschau

MOTIVHÖHE
1,50 m

MATERIAL
- Naturbretter, 18 mm stark
  26 cm x 137 cm
  25 cm x 140 cm
  22 cm x 150 cm

VORLAGEN
Bogen 2B

1 Übertragen Sie die Vorlagen zunächst wie auf der Umschlagklappe beschrieben und sägen Sie die Holzlatten anschließend entsprechend zu.

2 Danach die Holzlatten wie gewünscht zusammenbauen (siehe TOPP-TIPPS auf der Umschlagklappe).

Mein Tipp für Sie

Für Katzenliebhaber Wer selbst Katzen besitzt oder ein großer Liebhaber ist, für den wäre eine Kombination aus Katzen und Namensschriftzug (siehe Seite 31) als Gartenzaun bestimmt ein schönes Arrangement.

Weihnachtszeit

ist Dekozeit

MOTIVHÖHE
1,62 m

MATERIAL
- Naturbretter, 18 mm stark:
  20 cm x 162 cm (Stern),
  22 cm x150 cm (Päckchen),
  22 cm x 144 cm (Kugel),
  21 cm x 148 cm (doppelter Stern)
  und 20 cm x 150 cm (Tanne)
- Holzbohrer, ø 10 mm, 5 mm und 2 mm
- Stieldraht, 2 mm stark
- Heißkleber

VORLAGEN
Bogen 1B + 2B + 3B

1 Übertragen Sie die Vorlagen zunächst wie auf der Umschlagklappe beschrieben und sägen Sie die Holzlatten anschließend entsprechend zu.

2 Die Sterne innerhalb der Kugel wie auf der vorderen Umschlagklappe beschrieben aussägen.

3 Die Löcher in der Kugel wie in der Vorlage angegeben bohren. Den Draht u-förmig biegen und mit wenig Heißkleber in die Bohrlöcher kleben.

4 Zuletzt die Holzlatten wie gewünscht zusammenbauen (siehe TOPP-TIPPS auf der Umschlagklappe) und evtl. mit einer Laterne oder Sternen dekorieren.

Mein Tipp für Sie

Holzlatten im Innenbereich Die Holzlatten sehen natürlich auch sehr schön und dekorativ im Wohnraum aus. Dort können sie einfach angelehnt oder auf Standflächen montiert werden.

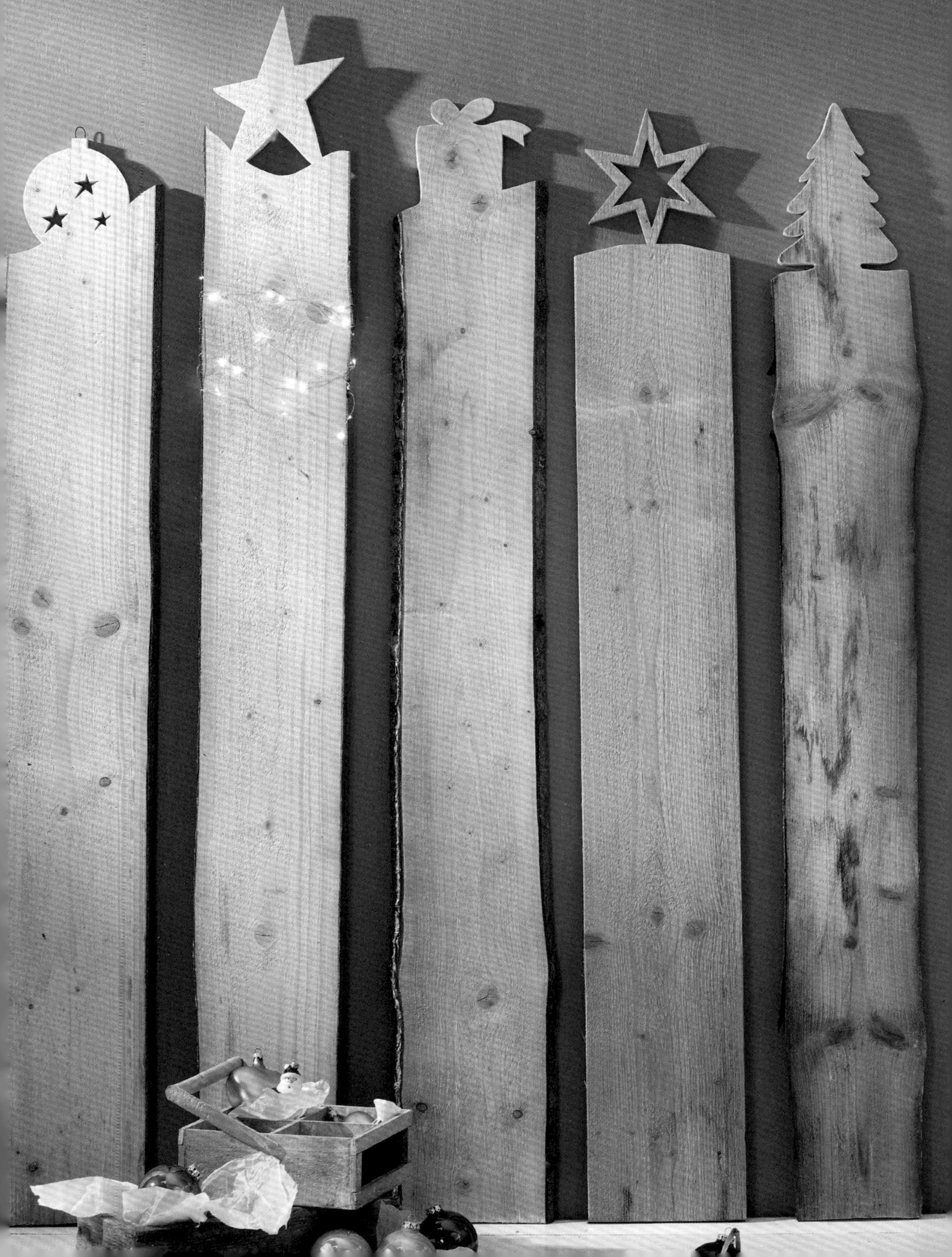

Gartenzaun mit Familienname

ein echter Hingucker

MOTIVHÖHE
1,46 m

MATERIAL

- Naturbretter, 18 mm stark, in verschiedenen Breiten und Höhen, z. B. 20 cm x 146 cm
- Holzbohrer, ø 10 mm
- alter verrosteter Schlüssel
- dicke Schnur, ca. 3 mm stark, 1m lang

VORLAGEN
Bogen 2A

1 Die Buchstaben am Computer schreiben und so vergrößern, dass sie gut auf die Holzlatten passen. Die Buchstaben anschließend übertragen und aussägen. Achten Sie hierbei darauf, dass schmale und breite Bretter verwendet werden, und auch mal zwei Buchstaben auf ein Brett passen. So wird das ganze Motiv spannender.

2 Die Herzen wie auf der vorderen Umschlagklappe beschrieben aussägen.

3 Zuletzt die Holzlatten wie gewünscht zusammenbauen (siehe TOPP-TIPPS auf der Umschlagklappe) und mit einem rostigen Schlüssel vom Trödelmarkt dekorieren.

Mein Tipp für Sie

Ergänzende Deko Falls gewünscht, können Sie die Bretter zusätzlich mit Accessoires, wie Herzen oder einer Laterne, dekorieren.

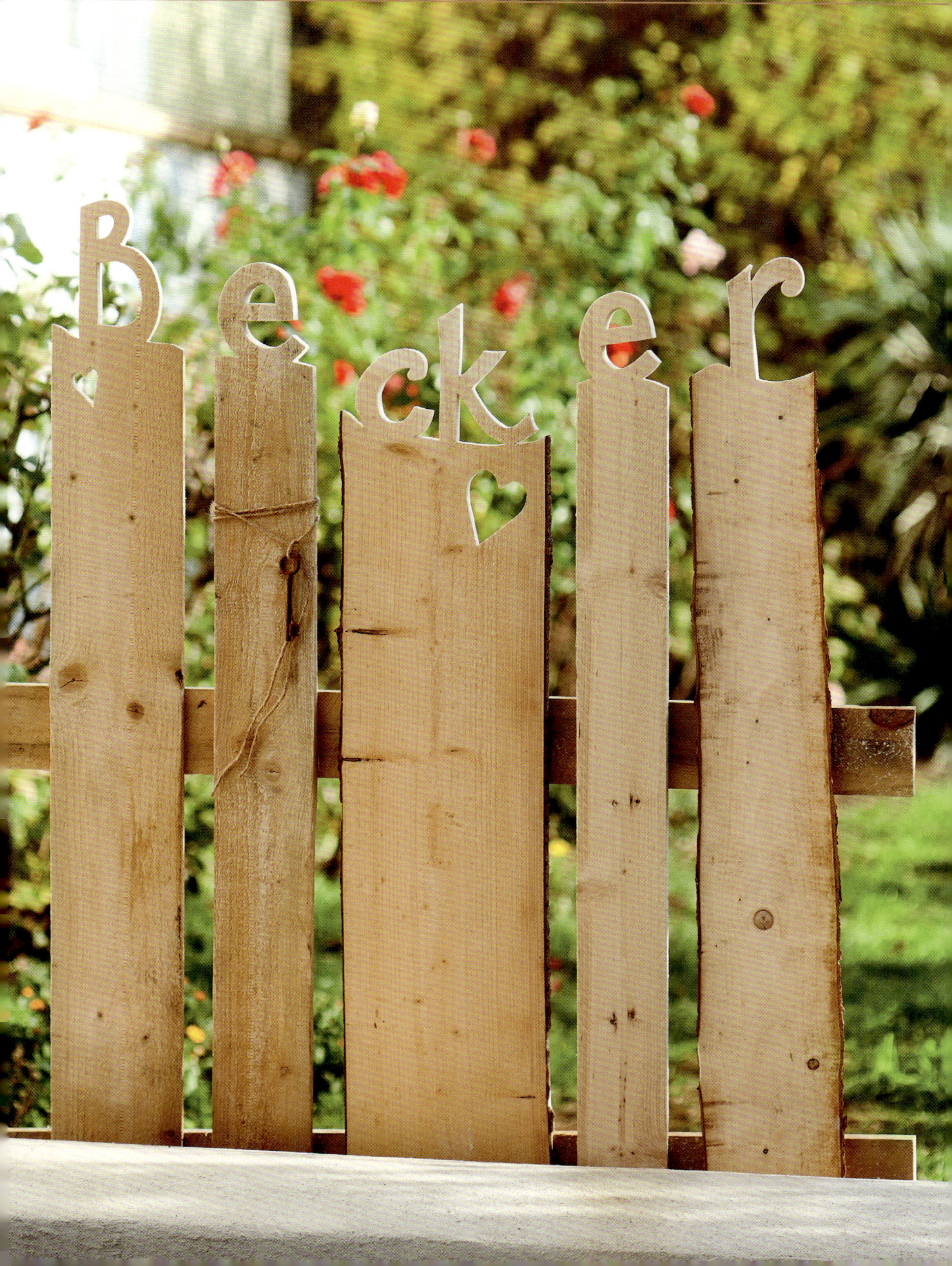
Becker

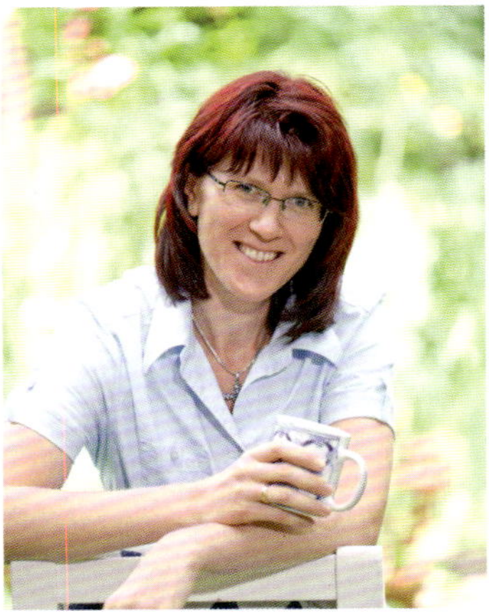

Alice Rögele hat ihr Hobby zum Beruf gemacht und arbeitet seit 1990 im Kreativbereich. Schon in ihrer Kindheit hat sie die Liebe zum Malen entdeckt. Bis zur Eröffnung ihres eigenen Ateliers 2004 war sie langjähriges Mitglied und zeitweise auch Leiterin der Dinkelsbühler Künstlergruppe „Art und Farbe“. Neben der Acrylmalerei gehören Holzarbeiten zu ihren Schwerpunkt-Themen. Seit 2004 ist sie als Autorin beim frechverlag tätig. Ihre Leidenschaft für Schönes und ihre Begeisterung für Genussartikel hat sie im März 2013 in ihrem Laden "StilEcht" in Dinkelbühl (www.stilecht-dinkelsbühl.de) vereint.

Die Vorlagen finden Sie nach erfolgter Registrierung in der Digitalen Bibliothek: www.topp-kreativ.de/digibib

Der Freischaltecode für die Vorlagen lautet: 9660

TOPP – Unsere Servicegarantie

WIR SIND FÜR SIE DA! Bei Fragen zu unserem umfangreichen Programm oder Anregungen freuen wir uns über Ihren Anruf oder Ihre Post. Loben Sie uns, aber scheuen Sie sich auch nicht, Ihre Kritik mitzuteilen – sie hilft uns, ständig besser zu werden.

Bei Fragen zu einzelnen Materialien oder Techniken wenden Sie sich bitte an unseren Kreativservice, Frau Erika Noll.

mail@kreativ-service.info
Telefon 0711 / 123 757 20

Das Produktmanagement erreichen Sie unter:

pm@frechverlag.de
oder:
frechverlag
Produktmanagement
Dieselstraße 5
70839 Gerlingen
Telefon 07 11 / 8 30 86 68

LERNEN SIE UNS BESSER KENNEN! Fragen Sie Ihren Hobbyfach- oder Buchhändler nach unserem kostenlosen Magazin **Meine kreative Welt.** Darin entdecken Sie zweimal im Jahr die neuesten Kreativtrends und interessantesten Buchneuheiten.

Oder besuchen Sie uns im Internet! Unter **www.topp-kreativ.de** können Sie sich über unser umfangreiches Buchprogramm informieren, unsere Autoren kennenlernen sowie aktuelle Highlights und neue Kreativtechniken entdecken, kurz – die ganze Welt der Kreativität.

Kreativ immer up to date sind Sie mit unserem monatlichen **Newsletter** mit den aktuellsten News aus dem frechverlag, Gratis-Bastelanleitungen und attraktiven Gewinnspielen.

IMPRESSUM

FOTOS: frechverlag GmbH, 70499 Stuttgart; Alice Rögele (Arbeitsschrittfotos auf den Umschlagklappen); lichtpunkt, Michael Ruder, Stuttgart (alle übrigen)
PRODUKTMANAGEMENT UND LEKTORAT: Tina Herud
SATZ: Fotosatz Buck
DRUCK: Tiskárna Grafico s.r.o., Tschechische Republik

Materialangaben und Arbeitshinweise in diesem Buch wurden von der Autorin und den Mitarbeitern des Verlages sorgfältig geprüft. Eine Garantie wird jedoch nicht übernommen. Das Werk und die darin gezeigten Modelle sind urheberrechtlich geschützt. Die Vervielfältigung und Verbreitung ist, außer für private, nicht kommerzielle Zwecke, untersagt und wird zivil- und strafrechtlich verfolgt. Dies gilt insbesondere für eine Verbreitung des Werkes durch Fotokopien, Film, Funk und Fernsehen, elektronische Medien und Internet sowie für eine gewerbliche Nutzung der gezeigten Modelle. Bei Verwendung im Unterricht und in Kursen ist auf dieses Buch hinzuweisen.

5. Auflage 2022

© 2019 frechverlag GmbH, Dieselstr. 5, 70839 Gerlingen, einem Unternehmen der Penguin Random House Verlagsgruppe GmbH, München

ISBN 978-3-7724-4213-1 • Best.-Nr. 4213

MIX
Paper from responsible sources
FSC® C114952
www.fsc.org

Penguin Random House Verlagsgruppe
FSC® N001967